밤 두 시 십 분쯤

문학의전당 · 시인선 59
밤 두 시 십 분쯤

초판인쇄 2008년 11월 3일
초판발행 2008년 11월 9일

지 은 이 이선
펴 낸 이 김충규
펴 낸 곳 문학의전당
출판등록 제387-2003-00048호(2003년 9월 8일)

주 소 121-718 서울특별시 마포구 공덕2동 404번지 풍림VIP텔빌딩 202호
전화번호 02-852-1977
팩시밀리 02-852-1978
블 로 그 http://blog.naver.com/mhjd2003
전자우편 mhjd2003@naver.com

I S B N 978-89-93481-03-7 03810

이선 시집

문학의전당

自序

바람과 구름에 실려 가는 이름과
눈과 비에 젖은 얼굴, 그리고
뜨거운 태양과 서늘한 달에 서려 있는 수많은 빛깔에 대해
대체 알 수가 없지만
어두운 밤을 견뎌내고 눈물겹게 피어 있는 꽃들을 보았다
밤하늘에 빛나는 별 때문이라는 핑계라도 좋을 것이다

놋쇠 징소리 우렁차던 쓰르라미 소리가 들리지 않는다
다시 계절의 허방으로 사라져갔나

차례

1부

2부

3부

4부

1부

꼭두새벽

제 스스로 켜진 FM 라디오를 타고
자그마니 흘러나오는 '물망초' 가
저 먼 나라를 노래합니다
어스름 산기슭, 비탈진 자드락밭
소리 없이 내리는 싸리꽃처럼
가슴에 하얗게 파고듭니다
꿈인지 생시인지 아름아름하여
화강암 석불좌상으로 눌러앉아
빼곡한 안개에 부서져 봐도
당신은 머나먼 에집트
오렌지 빛 햇살 서늘하게 드리운
거대한 스핑크스입니다

봄비가 내리는 밤은 더욱 캄캄하다

혹독한 겨울을
겹겹 치욕의 옷가지로 견디어낸 자리
정녕,
어둠이 구워낸 터널의 끝은
멀기도 하다
끝이 없는 건 설마 아니겠지
메말라버린 눈은 장님이 된 지 오래
더듬이손은 헐어 마비가 되었고
남루한 걸음마저 풀썩 주저앉게 생겼는데
비가 내린다
질식해 버릴 것 같은 캄캄한 터널로
출구가 보이지 않는 칡부엉이 울음소리 돌려놓고
또다시 예약되었다는 듯 동토凍土의 움을 틔워준단다
캄캄한 하늘 아래
형식화 된 연례행사로
애기 같은 온누리를
차갑게 사열한다
대지의 순하디순한 생명, 이제 다시
연둣빛 새순을 내밀 텐데
어둠이 구워낸 터널의 끝은

멀기도 하다
끝이 없는 건 설마 아니겠지

밤 두 시 십 분쯤

한밤중 어둠 속을 어슬렁거리는
쭉 마른 몽유병자가 뚜벅뚜벅
밤하늘에 걸린 아파트 난간을
멀거니 바라본다
저 드넓은 벌판에 조붓하게
숨구멍만 열려 있는 하늘,
하늘이 머나멀다
그래, 세상은 뜨거운 땀방울을 흘리며
텅 빈 항아리를 끊임없이 구워내는
슬픈 숙명의 가마터가 아니었던가
밤안개를 헤치고 달려오는 축축한 불빛들이
어두운 강가에서 이제 막 어미와 이별을 하고 떠나가는
어설픈 고라니의 체온을 전해주며
버들개지처럼 흔들리는데
밤 두 시 십 분쯤
저 정체불명의 몽유병자는
왠지 알 수 있을 것만 같은 광병狂病과
또한 알 수 없는 광병狂病에 걸려
버르적거리는 나방이 된다
뿌우연 밤안개에 결박되어

푸석푸석 가루를 떨구며
온 힘을 내고 있다
온 힘을 낼 뿐이다

꿈의 거리

조그마한 찻주전자 속에서는
막 끓어오르려는 커피물소리가
요란하다
더워진 마음을 추스르고
부스스한 머리를 가다듬으며
하얀 눈이 내리는 거리에 나섰다
무슨 좋은 일이라도 있는 듯
없는 약속이라도 있는 듯
모를 이방인처럼 두리번거리면서
사그락사그락
목련꽃 살짝 치맛자락을 끄는
하얀 눈이 내리는 거리를 거닐고 있다
사랑 아닌 사랑에 실패하고
아픔 아닌 아픔에 절벽 같던 날들은 가고
어느새
슬며시 고개를 들고 있는 참담한 마음을
두터운 외투 속에 꾹 눌러
감추고 있는 게 아니라고 생각하면서
오랜만에 나선 이 거리
많은 인파의 작은 꿈들이 넘치는 이 거리

나의 꿈도 하나 슬쩍 장식하고 싶은 이 거리
목도리 한번 다시 여며 매고
베토벤의 '운명' 제2악장 같은 이 거리를
씩씩하게 거닐고 있다

밤 9시 뉴스를 보다가

텔레비전 뉴스를 보다가
엉겅퀴꽃처럼 두 눈이 활짝
'나 홀로 집'을 지켜준다는 그 인형
참 따듯해 보였어
저녁 식탁에 마주 앉아 악몽에 시달렸던 이야기와
혁명만이 길인 듯 요원해진 옛이야기를
함께 나누고 싶어
설거지를 말끔히 마친 후
가스불에 감자 냄비 올려놓고
그대에게 선물할 스웨터를 짜며
오늘 하루도 잔뜩 부르튼 몸을 끌고 들어와
자리 한 귀퉁이에 풀썩 쓰러져 누웠을지도 모를
지구의 발가락이 따스한 잠을 자는지
바통을 주고받는 통일의 딜레마는 얼마나
더 헛돌아야 하는지
시대를 거머쥔 파렴치한 무리들,
그 고름 같은 비곗덩어리에 웃자란 터럭들이
무성하게 술렁대는 소리와
옷걸이에 걸려 있는 감색 재킷의
긴 모가지만 더 길어진 사랑에 대해

보고 싶은 두 눈을 바라보며
하고 싶은 얘길 하고 싶어
가끔은, 해거름녘
붉은 석양夕陽 살짝 띄운
와인 한 잔 나눠 마시고
그대와 함께
노을 같은 초저녁잠도 자고 싶어

아침단상
-모닝커피

빼끔하게 동을 튼 해가
창틀 거미줄에 걸려 있다
바람결 멀어져 간 자리에
순간, 마른 떡갈잎 같기도 하다
값싼 도배지를 두르고 돌아가는 벽이
천 년 절터 돌보지 않은 돌담길처럼
지그시 눈에 들어온다
쉽사리 돌릴 수 없는 발길
다가갈 수도 없이 아득하다
그 오랜 세월에 빛 낡은 단청처럼
부석부석 갈라져 들뜨는 이 마음의 갈피갈피
어디 오색칠 단장이라도 할 수 있을까
오늘 아침
마른 들꽃 몇 송이 호젓하게 두른
나지막한 이부자리를 쏘옥 빠져나와
날개깃 펼치는 작은 맨드라미꽃으로
일어서야겠다
이젠 정말 나만을 위한
진한 인스턴트커피 한 잔
더얼렁

손에 들어 본다

행렬 1

강서동 사거리 나들목
자가용 승용차들이 냇물처럼 흘러간다, 일순간
갈 길이 멀다며 길을 장악한 12톤 트레일러,
그 시큼한 쇳소리가 기분 좋은 건 아니지만
화물열차라도 되는 양 풍채만은 일등이다, 가끔은
나도 바로 옆에 터미널 사거리로 흘러 들어가
오색 풍선처럼 산뜻하게 날아가는
서울행 고속버스를 타고 싶을 때도 있지만
그래도 어디서 금방 푹– 퍼 담았는지
멧돼지, 땅 후벼 파며 목청 높이던 동산
그 붉은 흙더미의 싱싱한 내음을
한 바가지 훅– 실하게 던져주고 가는 덤프트럭
하나 만나는 게 제일 기분 좋은
강서동 사거리 나들목

행렬 2

가물가물 불개미 행렬
아지랑이 피라미드 오르듯
12층 내 방까지 찾아와
그것도 한 발은 되어 보이는
일개 씨족이 모두 줄지어
제 몸집보다 큰 에이스 부스러기를
으쌰 으쌰 밀고 끌고
뒤로 줄지은 동료를 위해서는
페르몬 냄새 길을 그려놓는다는
저런 모양의 공동체로 봐선
피라미드가 아니라 붉은 태양이라도
사르리렸다
그리하여 붙여진 이름이 불개미인가
어느 하나 제 주머니 채우기 위해 하는 일도 아니련만
저 아기 손때같이 연약한 몸뚱이로
어지간히 애를 쓰며 버둥거린다

지독한 커피 브레이크 같은 밤이면

너는 늘 붉은 불곰 날뛰듯 하였고
내 멱살을 잡은 두려움이
못난 나를 먹어치웠던 거야, 그래
서걱서걱 사마귀에 포획된 노랑나비 같았지
봉두난발 뒤엉겨 두 다리가 철벅철벅
파멸의 깊은 늪에 빠져 그래서 허우적댔던 거야
계단을 따라 내려가는 그 은밀하고도 저주스런
동굴에 들어가 앉아 유령처럼 소리 없이 흐느끼던
지독한 커피 브레이크 같은 밤이면
몇 점의 별빛만이 옥상 난간으로 내려와
달팽이처럼 웅크려 맴돌고 있었지
하지만 애초부터 나 알고 있었지
눈썹 하나 까딱하지 않는
여전히 파란 그놈의 하늘을 어떻게
잊을 수가 없을 거라고, 그래
다시 한 번 보고 싶어서
죽을힘을 다해 허우적됐던 거야
음침한 거실 한구석 악취 나는 쓰레기통에는
내던져진 겔포스 봉지가 뱀허물처럼
나뒹그러져 쌓이는데

너는 늘 붉은 불곰 날뛰듯 하였고
내 멱살을 잡은 두려움이
못난 나를 먹어치웠던 거야, 그래
서걱서걱 사마귀에 포획된 노랑나비 같았지

지구본을 돌리자

돌리자 돌려
지구본을 돌리자
레코드판처럼 사르르르
잘도 돌아가네
히말라야 하얀 설국을 넘어
저 아크로폴리스자락에 나지막이
앉아 쉬다가, 그래
불개미처럼 피라미드에 올라
사하라가 보이네, 저기
아바나의 고독 같은
대낮의 연인들아
붉은 해가 오른다
굵은 산맥들, 맥박과 맥박이 푸르고
오대양, 핏줄과 핏줄이 교향악처럼 흐르는
지구본을 돌리자
아, 모래알갱이 수보다 더 많다는
저 별알갱이들이
눈을 뜬다, 밥을 먹는다
열 지어 길을 활짝 열어놓고
춤을 춘다, 노래 부른다

서로 말없이
눈물을 닦아 준다
돌리자 돌려
지구본을 돌리자
열두 폭 플레어스커트 자락 사르르르
감기는 발길이 사르르르

그대 홀로 가는 길

실눈을 뜨니, 꿈은
텅 빈 안방처럼 날아갑니다
빗장 걸린 사방의 벽이
희나리더미처럼 쏟아져 내립니다
그대 오늘 아침은 온통
그대 어제 아침인가요
헝클어진 그물을 뒤에 거머쥐고
낡은 악수를 청하는
그 사람이 두려운가요
그래요
미움조차도 쓸데없지요
세상은 메아리가 사라져버린 거친
광야라는 걸, 늘 확인할 뿐이죠
그런데 말이에요
그렇게 멀쩡하게 돌아가고 있는 거기에
덩그러니 유배의 집이 하나 있어요
드문드문 잡초가 나 있는 마당에 앉아
상처 난 날개를 펴고
따뜻한 볕을 쬐일 수 있는
그러한 집이지요, 그리고

뗏장 같은 창을 열면
걸음마를 하는 노랑 해가 들어옵니다
마른 가슴에 고운 아기를 안고
그대 홀로 걸어보아요
아무도 없는 쑥대밭길
뿌리 뽑힌 낮달이 비틀거리며 웃고
그대여
걸어가다 걸어가다보면, 가끔은
칡넝쿨 타고 너울너울
파아란 하늘
벅차게 출렁거립니다

지는 벚꽃에 바침

얼마나 많은 고통이 있었기에
저토록 뜨겁게 땀방울을 흘리는가

얼마나 깊은 상처가 있었기에
저토록 부신 눈물을 흘리는가

그 오랜 세월 무시로 허방을 짚고 걸어온
그대 이제 벙어리가 되어 가부좌로 앉아

여기 햇살 좋은 오후의 길목에 우두커니
하루 이틀 사흘 이렇게 이레가 다가도록

꿈결 같은 꽃잎 수북이
지고 또 져도 하염없는 사랑

그대 아직도 못다 한 땀방울이 있나요
그대 아직도 못다 한 눈물이 있나요

아니 어느 날 그렇게 툭툭 털고 일어나 가지 말아요
속눈썹 하얗게 지새워야 할 봄날이 남아 있어요

나도야 저 눈부신 진주 꽃그늘로 들어가 앉아
사나흘 밤낮을 지새우고 싶어라

그대 아직도 못다 한 땀방울이 있나요
그대 아직도 못다 한 눈물이 있나요

2부

궤도이탈 혜성

둔중한 머리통
어느 궤도로 밀어붙여야 하나
조르르니 따라붙는 내 불쌍한 새끼들
무슨 업고로 이리 휘청거리나
빗장 놓은 천문은 모두 열려 있는데
사방으로 날아드는 주먹질에
저쪽 미로는 화염의 불구덩이
나의 주인이신 조물주여
종신노예처럼 이렇게
그저 달리라는 말씀인가요
그래요 좋아요
그렇지만 이젠 우리에게도
작은 뜰 하나 마련해주오
가끔 쉬어 갈
작은 뜰 하나 마련해주오

감귤 하나 쥐고

어두운 등어리를 움츠린
허구렁 골목길에
조팝꽃 하얀 눈이 내리네
먼 데 너의 얼굴 기억할 수가 없어
밤색 털모자 하나 눌러 쓰고
두리번거리는 눈발 속으로 나서네
뺨 위를 스치는 눈송이 너머
노란 가로등 불빛 무성영화로 내리는 그 뒤로
어둠 속에 동그라진 시선
찰리 채플린처럼 괜스레 멀뚱거리다가
행여나 너의 얼굴 기억할 수가 없을까
저만치 우두커니
하얀 눈 소복이 쌓여가는 삭정이처럼
엉성한 호주머니 속
네가 좋아하던 따뜻해진 감귤 하나 쥐고
식어가는 삭정이가 된다네

단풍이 물들 무렵

녹음은 마침내
어미 오랑우탄 품처럼
깊어갔다
시커멓게 절정에 달했다
갈 곳을 잃은 팽팽한 정적
한 치 물러설 수 없는 코너에 몰려
사람의 하느님도
사람에게 미안하여
사람의 나뭇가지마다, 붉은
눈물 떨구는 시늉을 한다
금세 후드득 쏟아놓는다, 온통
대책 없는 소경의 눈물이다
이맘때면 먼 데 아기 짐승들도
산모퉁이 휘돌아 웅크려 있고
어느 옛님이 총총 걷고 있을 귀갓길에도
석류알 같은 빗방울이 떨어지고 있을 터이다
마음을 다잡고
이제 여기 나지막이, 다만
사람의 등 하나 밝혀야 한다
기름 아껴 써야 한다

쇼팽

빗방울 맑은 눈동자
이슬 물은 달개비꽃 되어
정오의 그림자로 웅크린
보랏빛 내향
엑스레이 건판에 슬쩍 걸린
갈비뼈 옹송그리듯
풍만한 상드* 가슴에 풀썩 기대어
아이처럼 쉬고 있는 그대여
대리석에 반질거리는 햇살
저녁 땅거미 흐르면
문설주 부둥켜 잡고 일어서는가
어이, 고운 각혈
발라드 하나

* 상드George, Sand 1804~1876 : 프랑스 낭만주의 시대의 대표적 여성작가. 70편의 소설과 24편의 희곡을 남겼으며 뮈세와 쇼팽을 비롯한 여러 예술가들의 연인으로 유명하다

재촉하는 계절에 소식이 없다

가는 겨울비인지
오는 봄비인지
창을 여니
대지에는 종일 비가 내리고
시커멓게 녹슨 철 난로 옆
오랑우탄처럼 움츠린 그림자
이내 너머 동면의 너는
얼어붙은 툰드라,
재촉하는 계절에 소식이 없다
바람 찬 벌판
넘어져 넘어져
소용없는 발부리가 되었는가

아가리

1

아프리카 붉은 대평원
풀을 뜯으려 어슬렁거리던 누우 떼가
흠칫한다, 금시에 모두
앞다리로 땅을 돌리고
뒷다리로 헛방의 하늘을 돌린다
신들린 듯 아스라이 뒤쫓는 치타의
날카로운 발톱에, 단지 재수가 없었기 때문이라는
누우 한 마리 나뒹그러지고
덥석 숨통을 무는 치타의 아가리에
초가을 햇살처럼 종요로운 초침이 짤각–짤각–짤각
메마른 지평선에
희뿌연 흙먼지가 인다

2

태양 코로나처럼 흩날리는
사자의 갈기털, 갈기갈기 그 사이를
겨우 빠져나온 얼룩말
빌어먹을 시궁창이 늪을 가로지른다
바로 그때,

나 불렀소? 하고 반기는 악어 떼가
쇠절구통 아가리를 쩍 벌린다
붉은 초대장을 받은 메기 떼도
밀물처럼 밀려와
모두 같이 재탕하는
뒤죽박죽 아가리 잔치

3
멧돼지 멱에 처박은
표범의 아가리, 잠시
나른한 정적이 흐르고
스르르 나사가 풀린 눈동자
그 깜깜절벽 아래로
수박 속처럼 서늘한 혓바닥이
잘도 미끄러져 내린다
먹는 놈도 먹히는 놈도
빌어먹을 아, 가리
먹어도 먹어도 배고픈
텅 빈 밥통 하나 차고

비창悲愴

베토벤의 '비창' 보다 조금은 덜 적막하게
차이코프스키의 '비창' 보다 조금은 덜 황량하게
조무래기 잡초 들꽃 어우러진 들판을 지나
햇살 좋은 호수에 일렁이는 잔물결로
그렇게 한번 살아봤으면
가끔은 그대 해진 호주머니 속
림스키 코르샤코프의 '세헤라자데'에 담긴
조약돌 같은 이야기들을 만지작거리며
햇살 좋은 호수에 일렁이는 잔물결로, 어떻게
그렇게 될 수도 없을 잔물결로 살 수 있으랴만
베토벤의 '비창'보다 조금은 덜 적막하게
차이코프스키의 '비창'보다 조금은 덜 황량하게

목숨

양은쟁반인가
번쩍 들려 내던져진 대낮
짙푸른 더벅머리 들녘은
이글거리는 고흐의 화폭 되어
베란다로 밀려, 밀려들어오는데
찌를 듯 급하게 묻어 들어오는 위층
홀 영감의 신음이여
더께더께 이끼 창연한
선사기先史期 고인돌 천장 아래
자리보전인가요
그렇게 누구를 기다리나요
주름진 이마 끈끈한 땀방울
까칠한 녹물로 흘러내릴까
떨어질 듯 하늘가 슬쩍 걸린 곤돌라에
덩그렁 목숨만 매어 달고서
그렇게 누구를 기다리나요
목청 하나 없는 하늘에 대고
붉은 칸나꽃으로 이글거리는
대체 궁금한 영감의 신음이여

꽃수레

별 하나 달린 막대사탕을 쥐고
아기가
울음보를 터트렸다

엄마가 얼러주는 유모차,
저 희디흰 꽃수레를 타고
무슨 일일까

저만치 가도록
온 골목을 진땀나게 하는
오체투지의 꽃울음

저것은 말줄임표……,

오후의 정적을 깨고
수레가 지나간 자리마다 꽃잎들이
눈부시게 뿌려져 있다

아직 말도 못하는 아기가 까닭 없이 우는 건
거칠고 험한 상심의 바다를 건너야 할, 생生이

오롯하게 놓여 있기 때문이리

저만치 계절의 허방다리로 빠져나가는
쓰르라미 울음소리가 우렁차다

금잔화 노랗게 지고 있는 길을 걷다가 날이 어두워지면
밤하늘에 금잔화처럼 피어나는 별들을 바라볼 일이다

그리고 삶이란

아롱진 아주까리씨 같은 꿈을 안고
파릇파릇 잎 틔울 내일을 기다리는 것
매일매일 좌절의 고배를 마시고
오늘 다시 신기루 같은 내일을 기다리는 것
그렁그렁한 오아시스 물 한 모금 위해
부르트도록 머나 먼 길을 달리는 것
열정과 좌절 사이에 가로놓인 비창이라는
운명의 험한 가시밭길을 걸으며
무리를 잃은 짐승처럼 울부짖는 것
다시 신열이 나도록 고달프게 헤매는 것
어느새 신기루 같은 내일은 무지개처럼 사라지는 것
이제는 울지 않으리라 다독이는 것
그리고 불모의 사막 뜨거운 모래 구덩이
종일토록 목마른 가시옹이 선인장처럼
몇 점 이슬로, 달빛 아래 밑둥 굵어가는 것

작별

어린 누이 같은 금잔화꽃 나란히
줄지어 메말라가던 늦여름이었던가
뜰엔 호박, 넝쿨 무던히도 타고 오르던
아마도 초가을날이었나 봅니다
여기 화단 옆으로 나란히
무거운 첼로처럼 우리 말없이 서 있었습니다
그리고 한 무리의 새가 떼 지어 날아가는
먼 하늘을 하염없이 바라보다가
눈썹이 하얗게 쇠었습니다
날은 어느새
첼로 선율에 실려 오는 '쟈클린의 눈물'처럼
해거름 긴 줄을 긋고
기약 없는 내일이 속절없듯
저녁노을이 멀리 사라졌습니다
홀로 선 가을새 우두커니
계절을 상실한 볕을 쬐며 궁굴려가는 세월
오늘,
노란 들국화가 반기는 들길을 따라 걷습니다
아련한 내 마음의 골을 따라 걷습니다
날은 어느새 해거름 긴 줄을 긋고
서늘한 바람이 서둘러 풀숲으로 잦아듭니다

초상무위草上無爲

생 구리가루 같은 햇살이 뜨겁게
인정사정없이 뿌려지는 대낮에
사막여우처럼 지나가는 그늘 아래로 왕개미 서너 마리
제 갈 길이 어찌나 바쁜지 이리저리 허둥거리며
새카맣게 타다 만 머리와 몸통은 오로지
앙상한 해골로서 번듯하게 버둥거리는 고행
살아서 노고인지 노고로 사는지 모를,
저쪽 풀섶에서 튀어나온 여치란 놈도
내 퍼렇게 멍든 정강이에 가녀린 다리를 걸치는데
떨구는 더듬이인지 금세 마른 지푸라기인지 모를,
지상의 풀잎들이 나른하게 지쳐가는 폭양의 대낮에
소 잔등처럼 넓고도 무거운, 적막한 대낮에

3부

사랑은

사랑은 혜성처럼 살짝–
예고도 없이 다가 와서
온 세상을 눈부시게 밝히다가
어느새 싸늘해진 여우 눈을 하더라
하여 가늘어진 꼬리를 내리고 내려
이젠 슬쩍– 떠나가더라
헛손짓 하나 못해 본 그 뒤로
희뿌옇게 이는 추억의 티끌이
뭉게구름처럼 일어나고
광활한 어둠이 통째로 남겨진 자리엔
멀어져간 그 별빛이 찬란하더라

찔레나무 열매야

희파랗게 널려있는 저 눈벌판
암청暗靑 얼음 들끓어 오르는
거기 억년 천왕성이련가
서걱거리는 무쇠어금니 깨물고
제자리 꿈쩍도 않는구나
성급하게 뚫어져 내리는 하늘가에
빙글빙글 맴도는 찔레나무 열매야
점박이 무당벌레 떼 되어
한바탕 훨훨 날아보려무나
흰 눈 등에 소복이 업고
웬 눈물 그리 흘리나
상좌탈 얼굴에 푹 뒤집어쓰고
쏟아 내는 건 무슨 땀방울이련가
오늘밤엔 더 많은 별들
눈 번쩍 뜨겠지

떼눈 살풀이

조선왕조 옥양목 외씨버선에
떼눈이 살풀이더냐
진양조장단에 세상 육자배기로 돌고
중모리장단에 하늘은 몽금포로 돌아든다
어드메뇨 큰 절터에 미륵상도 볼 길 없고
망초꽃만 흐드러지게 눈부셔라
저어기 네뚜리 상록수야
눈 수렁 수북이
온몸으로 굴러보아라
검불덤불에 걸린 박제剝製 초상일랑
열두 발 상모에 매어 거세게 돌리다가
그래라
휘모리장단에 더덩실 가야금산조로 뒹굴어보렴

항아리

큰 북 둥둥 울리며
세찬 숨 몰아세우는
북방 시나위 눈보라

아기 볼 볼그레한 불빛
창호지에 솔솔 피어나는
조용한 집 어드메

장작불 그득히 지펴 놓고
돌아와 앉아 있는
백발 비녀의 외할머니처럼

오동지섣달
무무巫舞에 지친 바람 잠재우는 저기
나무 까치둥지인가

조각나버린 지난날의 이야기
설장고 가락으로 쓸어 담으며
이제 또 아득한 날을 품었는가

얼굴

미루나무 서너 그루 논둑길을 걸으며 나란히 흐르는 냇물 따라 가버린 사랑, 바람에 실려 가는 하얀 뭉게구름 같은 옛 이야기

그 선한 눈길, 아롱져 흐르는 노을빛 호박 화석처럼

'산노을'

테너 '신영조' 님의 멋진 외계 풍모를 타고
'산노을' 이 만종처럼 울려 퍼지는데

먼 데 산봉우리
서로를 쓰다듬는 검푸르르한 산맥들

아득하여라 굽이굽이
내 마음도 함께 데려가 주오

구월에

아침 햇살에
텃밭 게으른 호박이
덩그렁 늘어지고
아기별을 닮은 꽃들이
노랗게 떠오릅니다
도래춤을 둥둥
무엇 하나 없어도
무엇 하나 부럽지 않아
애오라지 외사랑
또 그렇게 하늘에 매어달고
홀로 지샌 옥수숫대
바랜 베적삼을 걸치고 말없이
이슬에 젖어 내리는 머리채
그대 모습 빗물처럼 걸어오던
그대 모습 구름처럼 멀어져간
갈빛 상수리나무 잃어버린 시간을 찾아
구불구불 자드락밭을 넘어갑니다

쥐며느리

햇살이 구물거리는 방구석
눈물을 부둥켜안은 속눈썹다리로
미끄러져 흐르는 쥐며느리 한 마리
어쩌다가 이렇게
내 방구석에 들어왔더냐
나와 똑같이 생긴 네게
어찌 살충제를 눌러대겠는가
밤낮 끊어질 듯 허리로
침묵의 드럼통만 끌고 다니는
불개미 새끼줄뿐이었는데, 오늘
찻잔에 김이 오른다
그렇지만 너와 나
아교풀이라도 칠해
붙여 놓을 수도 없는 노릇
아파트 외벽 낭떠러지
햇살은 부서지는 거울처럼 쏟아져 내리고
악수한 손으로 널 보내야겠다
무얼 돌아보는가
마른 등을 대고 서걱거리는
사하라의 모래알처럼

그래
찻잔 아귀에 남아 있는
따스한 네 입 자국처럼

별밤지기 아이들

산등성이, 진달래꽃 훅 번져나가듯
할애비 같은 곡괭이 하나로
아버지 손수 개간하였다는, 그래도
양지바른 쪽엔 볕이 비료부대처럼 널려 있는
뒷동산 언저리 꾸부렁밭
땅거미 어둑하니 한참을 에돌 무렵에야
그 밭뙈기에서 돌아오던 어머니가
할미 같은 호미를 마당 어귀에 툭 던져 놓고
솎아 든 열무단을 풀어헤치면
금방 말아 담은 열무국수 온 가족 성찬이 되어
으슥해가는 저녁 마당을 채웠지
요란하게 그릇을 비우는 소리,
뚜욱딱- 뚝딱-
열두어 살 되었던 내가 어린 동생들을 데리고
묵은 싸리나무 한 그루 서 있는 삽작 밖으로
없는 깔개 대신 가마니때기를 끌고 나서면
아랫집 아이들 벌써
곰팡내 폴폴 나는 짚멍석을 깔고
먼저 와 기다리던 여름밤
아랫집 윗집 할 것 없이

아버지가 놓은 풀섶 매콤한 모깃불을 뒤집어쓰고
큰 대자로, 또는 새우등을 하고 누워
쏟아지는 뭇별 바라보노라면
계수나무 토끼 실었다던 하얀 쪽배
내를 따라 흘러가고
검정고양이 그 푸르깜깜한 눈동자 번뜩이는
미궁의 하늘로 떨어져 버릴까
두려움을 안은 채, 새벽이슬도 모르고
잠시 곤한 잠에 빠져버렸던
까만 방콩눈들
그 성스럽던 여름밤 이야기

사경四更

밤은 깊어 뒤란에
밤나무 잎 내리고
찌르르 밤 벌레소리
먼 데 네 목소리인가
버려진 빈 옥수수자루처럼
까칠한 이 가슴에
싸래기 무서리
희득희득 쌓이는데
뒷동산 솔부엉이
사십 리 골을 타는데

보리밭

신작로 양쪽으로 늘어선
키 큰 아름드리 미루나무 아래
상고머리 꼬마아가씨,
하교 십 리 길에는
가끔 긴 여름방학 같은 고적이 맴돌아
어느새 집으로 줄달음친 약속한 동무들 대신
웃자란 풀섶 톡톡 퉁기며, 모를
슬프고도 으스스한 애장묘를 지나서
마을 어귀 고갯마루에 오르곤 하였는데
먼 데 타오르는 황금빛 노을
와르르 밀려드는 누렁 보리밭, 내음
땀에 얼룩진 단벌 원피스마저
누렁 이상향에 흩날렸는데, 잠시
혼절하였는데

미루나무

올리브기름을 머금은 듯
오뉴월 햇빛에 반짝거리던
연둣빛 잎사귀들
바람이 지날 적마다
쏴아– 하고 사각거리는 소리
머물다가, 이내 하늘 높이 아스라이
멀어져가던
하굣길 신작로
내 유년의 벗님이여

이제는
무성했던 잎사귀 죄다 떨구고
저처럼 잠잠할 수가 있을까

바람 찬 하현 달빛 아래
까치둥지 품은 기상
호연지기 선비 같고

웅숭그리고 서성이는 마른 갈대 위로하며
혹독한 겨울마저 홀로 인내하는

조촐한 조선 여인 같은

한적한 들녘
먼발치에
그대는

내 생애 마지막 낙원

붉은 장미 적단풍이
말끔한 소녀인 양 눈부시고
비단에 수를 놓은 듯이 은은한 광택이 감도는
솔잎 무성한 소나무 오솔길 따라
하얀 회벽灰壁에는 일렁이는 나무 그늘이
반쯤 드는,
오래된 별장같이 보이는 음악실이 있었다
흰 무리 목련꽃 동무들
삼삼오오 짝을 지어 찾아간 수풀향기 그윽한
유월의 어느 오후
슈베르트의 '세레나데' 합창 소리
창 너머 푸르른 허공으로
종달새처럼 날아가는데
유령인 듯
고독한 산보자가 지나쳤다, 그러나
바람 한 점 일지 않는 교정엔
고인돌 같은 바위 하나 덩그러니
나비 한 마리 선회할 뿐이었다
은빛 신기루였던가
내 생애 마지막 낙원에서

그곳을 떠난 뒤로, 더 이상
내 생애 낙원은 어디에도 없었다

마그마magma

어둠이 잉태한
태고의 심장
지펴놓은 불길
고드름모양 외로워
이제껏 식지 않는
억겁의 열정이 울컥
산등성이에 흩뿌려진
앙상한 참꽃 나뭇가지에 올라
붉은 눈물 뚝뚝 떨어뜨리네
응혈하는 죽음
검은 현무암 너른 반석이면
그대 곤한 모습
잠시 쉬어갈 제

빅뱅big bang

생명의 보화고를
한 이빨에 질끈 물어
유일무이 쇳덩어리
무기체의 유기생체
목젖 방아쇠를 당기니
고성우뢰 광휘섬광
찰나영겁 시간 줄에
빙글빙글 궤변축제
알파와 오메가만
빙글빙글 영원지극
베일 쓴 코스모스
징그러운 아가페

카시오페아의 눈물

천구축 행랑채
카시오페아
그만 눈물을 닦으시오
당신을 사랑하는 카페우스왕 옆에 있고
당신을 따르는 안드로메다공주
사위 페르세우스가 있지 않소
당신을 결박한 황금 의자
낡아 부서질 그날을 기다리며
억만 년이 다 가도록
함께할 텐데
카시오페아
이제 그만,
이 가슴에 흘러 내려오는
순금 눈물을 닦으시오

오로라aurora

반들거리는 빙판
외계 비행접시 앉았는가
전율하는 발레리나
토슈즈 한 발짝 사뿐히 오르면
하늘 높이 아치를 펼치는
에메랄드빛 드레스 자락
오르락내리락
엎치락뒤치락
눈부신 발광發光
북방의 오로라 신神에게는
어두운 아가페agape가
꼼짝을 못한다

나선은하 M101

그대, 유혹으로의 초대
빙 돌려진 향연장
마에스트로 눈짓에
검은 장막을 올리는가
성문城門을 열면
폴란드 옛 궁정
화려한 대 폴로네이즈*
열 지어 돌아가는
수천억 무희舞姬들
님 따라갈 수 없는 천형天刑
금박 물린 드레스 자락을 끌고
검은 망토 같은
화려한 대 폴로네이즈
황금빛 서러움을 휘둘러 감고
오늘밤도 춤을 추오
그대와 함께 춤을 추오

* 폴로네이즈polonaise : 4분의 3박자의 느린 폴란드 춤곡. 쇼팽의 곡 '안단테 스피아나토와 화려한 대 폴로네이즈' 에서 따옴

4부

벼짚단

겨울 한복판, 뉘엿뉘엿 논배미마다
추수로 베어지고 남은 벼 밑동이 가득하다, 여태껏
가을걷이의 흔적을 자부하던 것들이다
이제 몇 굽이 돌아내려온 눈보라에 푸석푸석
밑천이 드러나 있다
마치 희끗희끗하게 웃자란 촌로村老의
턱수염처럼 까칠하다, 대신에
허리춤을 질끈 묶은 벼짚단이
삼삼오오 무리 지은 해방군처럼
그곳을 지키고 있는데
아주 기품 있게 서 있는 놈
조금 삐딱하게 서 있는 놈
엎어져 울고 있는 놈
우는 놈 안아 주는 놈
어깨를 뒤로 젖힌 놈
옆으로 누워 팔베개한 놈
앞놈 등어리에 기댄 놈
뒷놈 업어주다 주저앉은 놈
그놈들 한번 훈훈하게
그놈들 함께 웅성거리네

동물왕국

첨단문명을 자랑하는
그 잘난 동물왕국
사람 흉내를 내는 늙은 사자가
황금머리털을 흩날리며 포효한다
그리고 남겨진 한 점 고기를 빌어먹기 위해
들개와 하이에나 떼가 빙 둘러 조아리고 있다
맥박이 달빛같이 흐르는 사슴의 등줄기에
까맣게 쏟아지는 욕망의 눈동자들
이미 비대해진 제 몸뚱어리를 불리기 위한
그 가증스런 사냥의 끝이
또 다른 참상의 시작이 될 것임을,
바로 십여 년 전 자행했던 만행이 이제 와
태어나는 새싹까지 병들게 하고 있다는 소식이다
모니터를 통해 그 광경을 지켜본 사람이라면 누구라도
어두운 방구석에 쪼그리고 앉아
멀건이처럼 눈시울만 훔쳐야 했을 터이다
나란히 손잡아야 할 두 팔은 간 데 없고
두더지처럼 어깨에 손이 붙어 있는 아이,
잔뜩 불거져 나온 눈동자를 데굴데굴 굴리며
두부頭部가 외계인 '이티'같이 생긴 어떤 아이는

난데없는 종양으로 한쪽 볼이 풍선처럼 부풀어 올라
입가엔 사루비아꽃잎 같은 선혈이 떨어져 내린다
'아라비안나이트'로 돌아갈 날이
얼마 남지 않았다고 하는 이 아이는
검은 차도르를 쓴 구세주 엄마의 손을 꼬옥 쥐고
놓지 않는다
그래 아가야
무슨 연유로 이렇게 짧디짧은 생으로 태어났는가
무슨 슬픔으로 엄마 품에 꼭 붙어 쓰르라미처럼 우는가
그래 아가야
'세헤라자데'의 치마폭에서 편히 잠들어라
저 어두운 하늘가에 또 하나의 별똥별이 떨어져 내린다
한 번 사라져간 별똥별 다시 찾을 수가 없는데
아가야

지구라트*의 향기

녹슨 철길이 펼쳐진
지구 모롱이 막다른 골
막막한 사막이 들어온다
텅 빈 지구라트에 들어가 앉아
거대한 동물왕국으로부터 짊어지고 온
치욕의 보따리
죄다 풀어 놓는다
햇살이 잘 드는 성벽 위에
약초 말리듯 가지런히 늘어놓는다
희미해진 저 고대문자古代文字와 나란히
파랗게 얼룩진 21세기 문자를 뒤로 남겨놓는데
다시 걸어야 할 뒤안길이 보이지 않는다
머리카락을 쓸어 올리는 한 줄기 바람 속에
역사의 탑을 막 쌓아 올리던 사람들
사람들의 온기가 전해진다
이제 기운을 내야 한다
기운을 내고 싶다
하늘 높이 독수리 한 마리
극성極星으로 떠 있다
텅 빈 벌판에 모래알이 멀고멀다

굵은 땀방울 목단화처럼 피어난다

*지구라트ziggurat : 메소포타미아 및 엘람(이란 서부)의 고대도시에 설치된 층계 모양의 성탑聖塔으로 신전神殿에 부속되어 있다. BC.25~22C 무렵 메소포타미아 '수메르-아카드' 문명 시대를 통하여 많은 거대한 신전들이 속속 건축되었다. 바위 돌이 없는 메소포타미아에서는 벽돌을 구워 역청을 접착제 삼아 높고 거대한 신전들을 세워 나갔다

깃발춤

사직동 나지막한 아파트 언덕바지
덩그렁 석양
굿거리장단에 깃발춤을 추느냐
옥상 낡은 빨랫줄에
북어 두름처럼 깃을 치는
오색의 옷가지 휘둘러 걸치고
밀려오는 파도인가
아라리 덩더쿵
뒤웅박인가 덜렁
바랑 하나 등에 메고
집으로 돌아가는 당신
요란스런 봄날에 둘러싸여
다시 성하의 계절을 홀로 견디어 낸
인동초忍冬草보다 쓸쓸한 그대는 인하초忍夏草
아파트 외벽
줄줄 늘어진 주홍색 엘피가스 줄처럼
그리 지쳐 있는가
현관마다 다닥다닥 덧붙여진 광고 딱지는
본 척도 않는 제 사연
내일에다 대고 늘어놓는데

그나마 주먹만 한 꿈을 안고
기어이 돌아가는가
북소리는 드높아져 구릉을 타 넘어가고
자벌레처럼 휘청거리는 그대 등마루에도
덩그렁 석양이 깃발춤을 춘다네

황제시여

뚝뚝 떨어지는 불덩이는
마른 가슴팍에 불을 지르는가
타는 목구멍마저 죽이려는가

질긴 말가죽으로 만든
노예라는 수인번호를 단 여자에게
세차게 이글거리는 황제시여

여기 비대해진 노예의 몸뚱이가
철철이 쏟아낸 땀방울
굽이굽이 만 리 길을 흘러
이렇게 은백銀白의 서릿발로 삐쭉삐쭉 솟아올라
잘나신 황제의 더벅머리털을 추앙하렵니다

보소서
아직도 불질러버리지 못한
희나리 동강이라도 있습니까
이젠 붉게 녹슨 폐철더미 위에
구년묵이 겨울비가 내립니다

새벽이 오려는가

푸른 별 숲을 헤치고 나온
에밀레종 달이
말갛게 떠 있다
으스스 돌담장 아래
옥양목 치마저고리
달무리 같은 얼굴이여
오동잎 푸르던 여름날 이야기
말없이 이제 낙엽이 되어
그래 장송곡이 아니었지
우리들 박꽃 하얀 이야기
동짓달 텅 빈 오동나무 가지에
장옷바람이 웅성거리고
나지막이 지나가는 사람들
사람들 발자국에 뭇별이 뜬다
새벽이 오려는가
대취타의 장엄한 행렬
저기 저편 에밀레종 달이
굽이굽이 산성길을 내려간다

꾸부렁 복숭아밭

뒷동산 등성이를 타고 내려오는, U자가 거꾸로 비스듬히 기울어진 모양의 꾸부렁밭에는 십여 년 세월 따라 밑둥 굵은 복숭아나무가 가득하다 우단처럼 보드라운 봄쑥이 지천으로 널려 모처럼 쪼그리고들 앉아 몇 바구니를 뜯어 담아도 눈 하나 까딱하지 않는 그곳엔 금년에도 별 방도가 없는 아버지 설움이 복사꽃망울을 터트렸다 오랜만에 모인 가족들은 내리는 복사꽃 총총 맞으며 사진 속으로 들어가 말이 없고 늙으신 아버지 깡마른 등마루에서 상모를 돌리던 봄날은 갔다

놋쇠 징소리 요란한 햇볕 아래 어머니 마른 손이 저만치 까마득하여 괜스레 눈길 돌리는 사이로 장구춤 여인인가 말끔해진 복숭아 이제 염통 같은 털복숭이를 뚝뚝 따서 손수레에 실어 나르기를 며칠, 어느새 무성했던 가지마다 마구잡이 주먹질이라도 맞은 것처럼 여기저기 구멍이 숭숭 뚫려 늦여름 하늘이 무겁게 내려앉고 있었다 그 사이사이로 막바지 출하를 앞두고 목을 빼며 매달려 있는 복숭아가 빠꼼해 보이기만 한데, 싸대기바람이 몰려오더니 치켜뜬 태풍의 눈이 산등성이를 훑고 지나갔다

우수수- 우수수수- 우박처럼 쏟아지는 복숭아 그래, 그대

설움 겨운 문둥이코로 흠뻑 문드러지시길 쾌쾌한 안방 아랫목에는 농협인지 축협인지 신협이 아닌지 뭔지 빚 독촉장들 꽹과리를 치고 있으이

겨울의 끝자락

아직은 꽤 추운 날씨
참나무, 마른 잎들이
타오를 듯 아슬아슬하다, 그 아래로
마른 찔레나무 열매가 빨갛게
단심丹心처럼 매달려 있다
마음은 어느새
덤불에 얼크러진 삭정이 가지를 헤치며
툭툭 튕기는 나뭇가지에 긁히며
자동 로봇다리가 되어 동산을 오른다
멋진 신사들같이 늘어선
키가 썩 높은 소나무 대열이 다가오고
머리를 젖히니
아뿔싸! 그 중 하나
솔잎이란 솔잎 모두 노랗게 죽어 있는 게 아닌가
쩌렁쩌렁한 하늘로
핑하니 어지럽다
함께 봄날을 노래하고
함께 여름 카니발을 즐기며
안으로 안으로는 먹잇감을 친친 감아 옥죄는 뱀처럼
자신의 상승전략으로 삼는 데 혈안이 되어 있던

칡넝쿨 더미의 비극적 피날레, 그도 모자라
고개를 쳐들고 이내 옆의 소나무까지 뻗쳐오른
칡넝쿨 더미의 욕념에
셋은 모두 한꺼번에
질식해 있었다

유배流配의 나라

세상으로부터 버림을 받고도
세상을 버리기가 힘들어 힘들어
무릎을 꿇고 오,
힘없는 무릎을 꿇고
쭉 펴 올린 두 팔에 펄럭이는 소맷자락아
언제나 세상의 중심으로부터 떠밀려나면서
그 치욕의 현장이 던져 준
어두운 유배流配의 움집에서
먼 하늘을 바라보는 보릿단 같은 사람들
산에 들에 진달래
나물 캐는 처녀의 그 봄날이
어이 그리워지는데
논 갈고 밭 갈고
버들피리 총각의 그 봄날이
어이 그리워지는데
세상을 거머쥔 간악한 무리들
독버섯처럼 무더기로 피어올라
가난하고 어진 소의 고삐를 바투 잡고
민심民心은 천심天心이라고……,
가면假面도 안 쓰고 철면피鐵面皮가 따로 없는,

봄

그 옛날 잡목이 조금 우거져 있던
자작나무 동산의 기억 너머로
대번에 햇살 도포자락처럼 펼쳐진다
훅 달아오른 발진 같은,
아기 볼 볼그레한 가시가 오롯이 맺혀 있는
어린 장미나뭇가지에
명주실 가느다란 바람이 나부낀다
봄의 교향악이 울리나보다
그러나 어느 사이 우리네 삶
고층아파트 신축공사장
이리저리 널려 있는 거푸집처럼
쓸쓸한 생의 언저리를 오가는데
짜투리 정담으로 둘러선 얼룩빼기 인부들이
활짝 핀 벚꽃인가, 저기
무더기로 피어 있다
오후의 길목에서 홀연히 만난
하얀 페인트가 덕지덕지 묻은
회색 작업복의 움직임
아지랑이처럼 생생하게
혹은 가난한 성자의 후광처럼
하얗게 눈부시다

● 해설 ●

삶의 아픔 극복의 새로운 의지

홍윤기(한국외대 '한국시' 담당교수)

시는 무슨 교훈 같은 것이 아니다. 그렇다고 넋두리는 더더욱 아니다. 혹자는 시를 철학적이라고 엉뚱하게 내세운다. 시는 전혀 관념적인 것이 아닌 순수한 언어 예술이라는 사실을 망각해서는 안 된다. 그러기에 시는 그 본연의 리리시즘(서정성)을 바탕으로 하는 메시지가 새로운 이미지로서 형상화되어 읽는 이들에게 감동을 듬뿍듬뿍 안겨주어야 한다.

미리 하나 지적하여 두자면 평생 한 편의 뛰어난 시, 이 세상 어느 누구도 따를 수 없는 자기만의 노래를 불러야 한다. 어떤 대시인도 그에게서 한 편의 두드러진 대표작밖에는 더 이상의 작품이 없다는 사실에 우리가 주목할 일이다.

이선의 시세계가 우리에게 기대된다면 그것은 시의 제재題材가 다양하게 선택, 전개되고 있으며 남들이 흔히 다루는 진부한 유형성類型性을 극복하는 데서의 신선감을 풍기고 있는 점이다. 이제 시를 읽어보자.

강서동 사거리 나들목
자가용 승용차들이 냇물처럼 흘러간다, 일순간
갈 길이 멀다며 길을 장악한 12톤 트레일러,
그 시큼한 쇳소리가 기분 좋은 건 아니지만
화물열차라도 되는 양 풍채만은 일등이다, 가끔은
나도 바로 옆에 터미널 사거리로 흘러 들어가
오색 풍선처럼 산뜻하게 날아가는
서울행 고속버스를 타고 싶을 때도 있지만
그래도 어디서 금방 푹- 퍼 담았는지
멧돼지, 땅 후벼 파며 목청 높이던 동산
그 붉은 흙더미의 싱싱한 내음을
한 바가지 훅- 실하게 던져주고 가는 덤프트럭
하나 만나는 게 제일 기분 좋은
강서동 사거리 나들목

—「행렬 1」 전문

시란 삶生의 참다운 행동 양식이며, 더 나아가 삶의 영원한 가치를 창조하는 진지한 삶의 비견vision(未來像) 제시의 작업이다. 「행렬 1」을 비롯하여 「감귤 하나 쥐고」, 「쥐며느리」와 같은 시세계는 소재가 새롭고 이미지 전개에 무리가 없다는 데서 호감이 간다.

이선은 이 시집에서 정서가 순수하게 승화된 서정미 넘치는 노래를 부르고 있다. 나는 시인을 가리켜 일종의 '영혼의 엔지니어'라고 주장해 오고 있다. 왜냐하면 시인이란 일상 속에서 흔히 남의 눈에 잘 보이는 것을 쓰는 것이 아니다. 남의 눈에는 전혀 보이지 않는 것을 찾아내어 볼 수 있도록 써내야 한다. 그런 시인을 가리켜 우리는 '유능한 시인'이라 부르게 된다. "어디서 금방 푹- 퍼 담았는지/멧돼지, 땅 후벼 파며 목청 높이던 동산/그 붉은 흙더미의 싱싱한 내음을/한 바가지 훅- 실하게 던져주고 가는 덤프트럭"이라는 시 콘텐츠는 난폭하기 그지없는 대로변을 달리는 덤프트럭의 양태를 서정적 시 이미지로서 신선하게 승화시키는 표현력의 메타포metaphor 솜씨를 평가하게 된다.

물론 이 시집의 모든 시가 우수하다는 것은 아니다. 요컨대 중요한 것은 이 시집의 여러 시편들 중에는 좋은 시가 여러 편 들어 있다는 점이다. 비근한 예를 들자면 평생 동안 모두 154편의 시를 쓴 김소월의 서정시들 중에도 수준 이하의 작품들이 허다하다. 그와 같은 사실은 다른 모든 유명 시인들에게도 똑같이 적용되는 말이다. 그러므로 우리는 그 시집에서 어떤 작품들이 두드러지게 잘된 것인지, 그런 작품에다 포인트를 두고 스포트라이트를 비치면서 해당 시인의 시세계를 탐구하는 것이 가장 올바른 독자의 자세라는 것도 여기서 굳이 강조해 둔다. 시를 많이 쓰는 것이 능사가 아니다. 시인이 1년에 단지 한 편의 시를 써서 발표하더라도 제대로 쓴 것을 한국 시단에다 내놓아야만 한다는 것은 기본이다. 참다운 시의 창작創作의 의미가 바로 그것이다. 양보다 질이다.

어두운 등어리를 움츠린

허구렁 골목길에
조팝꽃 하얀 눈이 내리네
먼 데 너의 얼굴 기억할 수가 없어
밤색 털모자 하나 눌러 쓰고
두리번거리는 눈발 속으로 나서네
뺨 위를 스치는 눈송이 너머
노란 가로등 불빛 무성영화로 내리는 그 뒤로
어둠 속에 동그라진 시선
찰리 채플린처럼 괜스레 멀뚱거리다가
행여나 너의 얼굴 기억할 수가 없을까
저만치 우두커니
하얀 눈 소복이 쌓여가는 삭정이처럼
엉성한 호주머니 속
네가 좋아하던 따뜻해진 감귤 하나 쥐고
식어 가는 삭정이가 된다네

—「감귤 하나 쥐고」 전문

「감귤 하나 쥐고」는 범상한 일상의 스케치이면서 이미지의 전개가 참신하다. 이선 시인의 작품은 전체적으로 신선감이 넘친다. 현대시의 생명은 이미지의 발랄한 새로운 전개 과정에서 눈부시게 꽃핀다. 이 작품을 대하자니 좀 답답해지는 것은 우리 시단의 양상이다. 흔히 〈이미지〉가 아닌 〈스토리story〉 제시를 마치 시詩인 양 착각하고 시를 쓰고 있는 사람들이 적지 않다는 사실이다.

이미지라는 말은 본래 영어가 아닌 라틴어에서 파생된 영어 낱말이다. 지금의 영어가 된 이미지image는 라틴어의 이마고imago가 그 조어祖語이다. 라틴어로서의 〈이마고〉는 〈흉내내기copy〉라는 뜻을 가졌다. 또한 〈이마고〉는 장차 영어의 〈이메진imagine〉(상상한다)이라는 단어와 〈이메지네이션imagination〉(상상/상상력)이라는 낱말도 만들어주었다. "어두운 등어리를 움츠린/허구렁 골목길에/조팝꽃 하얀 눈이 내리네/먼 데 너의 얼굴 기억할 수가 없어/밤색 털모자 하나 눌러 쓰고/두리번거리는 눈발 속으로 나서네"로 대문 열고 나선 「감귤 하나 쥐고」는 이미지 구사의 한 전형적인 표본을 보여주고 있다고 평가할 만하다.

햇살이 구물거리는 방구석
눈물을 부둥켜안은 속눈썹다리로
미끄러져 흐르는 쥐며느리 한 마리
어쩌다가 이렇게
내 방구석에 들어왔더냐
나와 똑같이 생긴 네게
어찌 살충제를 눌러대겠는가
밤낮 끊어질 듯 허리로
침묵의 드럼통만 끌고 다니는
불개미 새끼줄뿐이었는데, 오늘
찻잔에 김이 오른다
그렇지만 너와 나
아교풀이라도 칠해

붙여 놓을 수도 없는 노릇
아파트 외벽 낭떠러지
햇살은 부서지는 거울처럼 쏟아져 내리고
악수한 손으로 널 보내야겠다
무얼 돌아보는가
마른 등을 대고 서걱거리는
사하라의 모래알처럼
그래
찻잔 아귀에 남아 있는
따스한 네 입 자국처럼

—「쥐며느리」 전문

한 마리 미물에 대한 시인의 인정미 넘치는 투시력은 이 시의 성패 여부를 떠나, 시적인 테크닉technique을 은은하게 순화시키는 메타포 솜씨가 공감도를 드높이고 있다. "어쩌다가 이렇게/내 방구석에 들어왔더냐/나와 똑같이 생긴 네게/어찌 살충제를 눌러대겠는가"고 하는 고등동물의 처절한 고백은 직유이면서도 독자에게 공감도를 높여주는 시적 탤런트가 번뜩인다. 시는 시인의 예리한 시각을 아울러 강력하게 요청하는 언어 예술이다. "그래/찻잔 아귀에 남아 있는/따스한 네 입 자국처럼"하는 화자의 센티멘털한 메타포가 오히려 개성적이고도 새로운 시세계의 창작이 되고 있다. 여기서 시인 자신의 의인화는 흥미로운 새로운 시각이다. 인간이 자아를 올바로 파악기 위해서는 인간 일반으로서의 '나' 가 아닌, 인간 개인으로서의

'나'를 인식할 필요가 있다.

인간 개인으로서의 '자아 인식'이야말로 '개성personality'의 참다운 파악이다. 현대시는 가장 개성적일 때 만인에게 공감되는 명편이 된다. 개성적인 시는 시문학적인 새로운 가치며 이상을 자신의 내부로 받아들여서, 객관적으로 창작 발상하는 '초자아超自我'의 시세계이다. 프로이드Freud, Sigmund, 1856~1939는 "인간 개인의 개성(퍼스낼리티)에는 3개의 가면假面이 있는데, "자아의 내부에서 선악을 판단해내는 초자아야말로 참다운 제3의 가면이다"라고 지적했다. 누구이거나 그와 같은 관점에서 이선의 개성적인 시세계에 접근하면 좋을 것 같다.

조선왕조 옥양목 외씨버선에
떼눈이 살풀이더냐
진양조장단에 세상 육자배기로 돌고
중모리장단에 하늘은 몽금포로 돌아든다
어드메뇨 큰 절터에 미륵상도 볼 길 없고
망초꽃만 흐드러지게 눈부셔라
저어기 네뚜리 상록수야
눈 수렁 수북이
온몸으로 굴러보아라
검불덤불에 걸린 박제剝製 초상일랑
열두 발 상모에 매어 거세게 돌리다가
그래라
휘모리장단에 더덩실 가야금산조로 뒹굴어보렴

—「떼눈 살풀이」 전문

시인의 서정적 로맨티시즘이 청각과 시각의 공감각 이미지로서 빛나는 시편이 「떼눈 살풀이」이다. “조선왕조 옥양목 외씨버선에/떼눈이 살풀이더냐/진양조장단에 세상 육자배기로 돌고/중모리장단에 하늘은 몽금포로 돌아든다”라는 우리 전통 민요의 네츄럴한 자연스런 리리시즘의 발상과 그런 새로운 이미지의 형상화 작업이 현대 한국 서정시의 진수라는 것을 보여주고 있다. 독일 시인 라이너 마리아 릴케Rainer Maria Rilke, 1875~1926는 프랑스의 거장 로댕F.A.R.Rodin, 1840~1917 밑에 찾아가서, 오랜 날을 프랑스에서 일하면서 조각 예술의 조형력과 신비한 경지를 터득했고, 여기서 사물의 내적 본질 세계를 천착하는데 역투하며 조각 예술이 아닌 시를 썼다.

그런 릴케가 지적하기를 “가장 독일적인 시를 프랑스인이 완전하게 이해한다는 것은 결코 기대할 수 없다”고 했듯이, 그 나라의 순수 서정은 그 나라 시인만이 캐낼 수 있다. 그러기에 이선 시인의 「떼눈 살풀이」 진양조장단이라든가 중모리장단 같은 음악적 전통 서정시는 한국인들에게는 널리 공감되고 깊게 이해될 것이다. 그 반대로 외국인에게는 「떼눈 살풀이」를 어떤 외국어이건 간에 아무리 잘 번역하더라도 완벽한 이해는 힘들 줄 안다. 그러기에 가장 한국적인 서정시는 한국인에게 가장 절실하게 요망된다고 본다.

희파랗게 널려있는 저 눈벌판
암청暗青 얼음 들끓어 오르는
거기 억년 천왕성이런가
서걱거리는 무쇠어금니 깨물고

제자리 꿈쩍도 않는구나
성급하게 뚫어져 내리는 하늘가에
빙글빙글 맴도는 찔레나무 열매야
점박이 무당벌레 떼 되어
한바탕 훨훨 날아보려무나
흰 눈 등에 소복이 업고
웬 눈물 그리 흘리나
상좌탈 얼굴에 푹 뒤집어쓰고
쏟아 내는 건 무슨 땀방울이런가
오늘밤엔 더 많은 별들
눈 번쩍 뜨겠지

—「찔레나무 열매야」 전문

「찔레나무 열매야」 역시 「떼눈 살풀이」와 맥을 함께하는 한국 서정시의 우수작이다. 우리나라에서는 1908년부터 시인 최남선崔南善, 1890~1957에 의해서 서양의 자유 서정시 형태가 서서히 등장하기 시작하였으며, 금년인 2008년은 그 1백 주년의 기념비적인 해이기도 하다. 최남선에 잇따라 「진달래꽃」의 김소월金素月, 1903~1935 시인, 「빼앗긴 들에도 봄은 오는가」의 이상화李相和, 1900~1943 시인, 「봄은 고양이로다」의 이장희李章熙, 1902~1928 시인과 같은 뛰어난 서정시인들이 1920년대 중반, 이 땅에 속속 등장하여 한국시단을 그들만의 새로운 이미지로서 눈부시게 꽃피우게 된 것을 우리는 꼭 기억해 두어야 한다. 오늘 우리는 그와 같은 한국 서정시의 오랜 맥락에서 이선 시인의 우리 전통 음률의 이미지를 통한 새로운 시대의 이미지와 서정의 시세계를 살피고 있다. "상좌탈 얼굴에 푹 뒤집어쓰고/쏟아 내는 건 무슨 땀방울이런가/오늘밤엔 더 많은 별들/눈 번쩍 뜨겠지"로 맺는 이선의 메타포는 시니컬한 새타이어와 더불어 우화적寓話的인 새로운 공감대를 형성하는 뛰어난 아포리즘aphorism의 시도를 잘 보여주고도 있다. 이 시는 역동적인 우리 민요의 토온으로 빛나는 생生의 경이驚異와의 참신한 충돌이거나 새로운 생성의 접촉을 기도하고 있다. 앞으로 이선 시인은 더욱 정진하면서 한국 현대시로서의 순수 가치를 반드시 뛰어난 시작품들로서 승화昇華시켜 한국 시문학사에 고스란히 전달시켜 주기 기다리련다. 라이너 마리아 릴케가 "시인의 작업은 언제나 생의 중심에서 빛나는 시혼詩魂을 담는 일"이라고 말한 것이 여기서 다시 문득 떠오르기도 한다.

둔중한 머리통
어느 궤도로 밀어붙여야 하나
조르르니 따라붙는 내 불쌍한 새끼들
무슨 업고로 이리 휘청거리나
빗장 놓은 천문은 모두 열려 있는데
사방으로 날아드는 주먹질에
저쪽 미로는 화염의 불구덩이
나의 주인이신 조물주여
종신노예처럼 이렇게
그저 달리라는 말씀인가요
그래요 좋아요
그렇지만 이젠 우리에게도

작은 뜰 하나 마련해주오
가끔 쉬어 갈
작은 뜰 하나 마련해주오

—「궤도이탈 혜성」 전문

"둔중한 머리통/어느 궤도로 밀어붙여야 하나/조르르니 따라붙는 내 불쌍한 새끼들/무슨 업고로 이리 휘청거리나"라는 오프닝 메시지는 환상을 통한 현실 세계에로의 전환 수법이 뛰어난 전개를 하고 있다. 그야말로 이 판타지fantasy(환상)적 전개는 여느 서정시인들에게서 좀처럼 찾아볼 수 없는 시의 새로운 미학과 접목시키는 현실적 리얼리티reality(진실성)의 조화로운 시적 구상화具象化라고 평가하게 된다. 이선의 시언어에는 지시적指示的 기능과 환기적喚起的 기능이 상호 작용하고 있다.

이선은 서정 이미지가 강한 잘 다듬어진 역동적 시어와 함께 능수능란한 메타포의 솜씨로서 뛰어난 테크닉을 발휘하고 있다. 이선 시집의 시편들을 전체적으로 살필 때, 화자는 짙은 서정적 표현을 심볼리즘symbolism의 상징적 기교로서 시적詩的 미감美感을 형상화시키고 있다. 개중에는 차원 높은 각성을 촉구하고 있는 보기 드문 작품들이 여러 편이다. 이선은 이 시집에서 서정미 넘치는 시를 통하여 삶의 참다운 행동 양식, 더 나아가 삶의 영원한 가치를 창조하려는 진지한 삶의 비젼vision(未來像)을 다양하게 제시하고 있다는 것이 주목된다.

돌리자 돌려
지구본을 돌리자

레코드판처럼 사르르르
잘도 돌아가네
히말라야 하얀 설국을 넘어
저 아크로폴리스자락에 나지막이
앉아 쉬다가, 그래
불개미처럼 피라미드에 올라
사하라가 보이네, 저기
아바나의 고독 같은
대낮의 연인들아
붉은 해가 오른다
굵은 산맥들, 맥박과 맥박이 푸르고
오대양, 핏줄과 핏줄이 교향악처럼 흐르는
지구본을 돌리자
아, 모래알갱이 수보다 더 많다는
저 별알갱이들이
눈을 뜬다, 밥을 먹는다
열 지어 길을 활짝 열어놓고
춤을 춘다, 노래 부른다
서로 말없이
눈물을 닦아 준다
돌리자 돌려
지구본을 돌리자
열두 폭 플레어스커트 자락 사르르르
감기는 발길이 사르르르

—「지구본을 돌리자」 전문

「지구본을 돌리자」에서도 이선의 시언어에는 지시적 기능과 환기적 기능이 함께 작용하고 있다. 서정 이미지가 강한 잘 다듬어진 역동적 시어와 함께 능수능란한 메타포metaphor(은유)의 솜씨로서 뛰어난 테크닉을 발휘하고 있다. 시인은 "히말라야 하얀 설국을 넘어/아크로폴리스자락에 나지막이/앉아 쉬다가, 그래/불개미처럼 피라미드에 올라/사하라가 보이네, 저기/아바나의 고독 같은/대낮의 연인들아/붉은 해가 오른다"라는 판타지적인 메시지는 여느 서정시인들에게서 좀처럼 찾아볼 수 없는 시의 새로운 미학과 접목시키는 현실적 리얼리티reality(진실성)의 조화로운 시적 구상화具象化라고 평가하지 않을 수 없다. "굵은 산맥들, 맥박과 맥박이 푸르고/오대양, 핏줄과 핏줄이 교향악처럼 흐르는/지구본을 돌리자/아, 모래알갱이 수보다 더 많다는/저 별알갱이들이/눈을 뜬다, 밥을 먹는다/열지어 길을 활짝 열어놓고/춤을 춘다, 노래 부른다"고 하는 화자의 역동적 삶의 진취적인 기상은 곧 유능한 시인의 환기적 창작 역량의 제시이다. 이 시에서 시인은 코스모스(宇宙)의 존재를 한 인간의 실존적 가치 규명에로 변환시키는데 빼어나다고 본다. 이 시 「지구본을 돌리자」와 「궤도이탈 혜성」에는 고차원의 서정적 수법이 고조되는 시적 감흥의 시너지synergy(전체의 효과에 기여하는 각 기능의 종합 효과)가 고양되고 있어 앞으로 이선 시인은 이런 형태의 시 등 다양한 소재와 제재 선택으로서 시 창작에 힘쓴다면 빛나는 시작품들이 계속 기대된다는 것을 끝으로 독자 여러분과 함께 당부하련다.